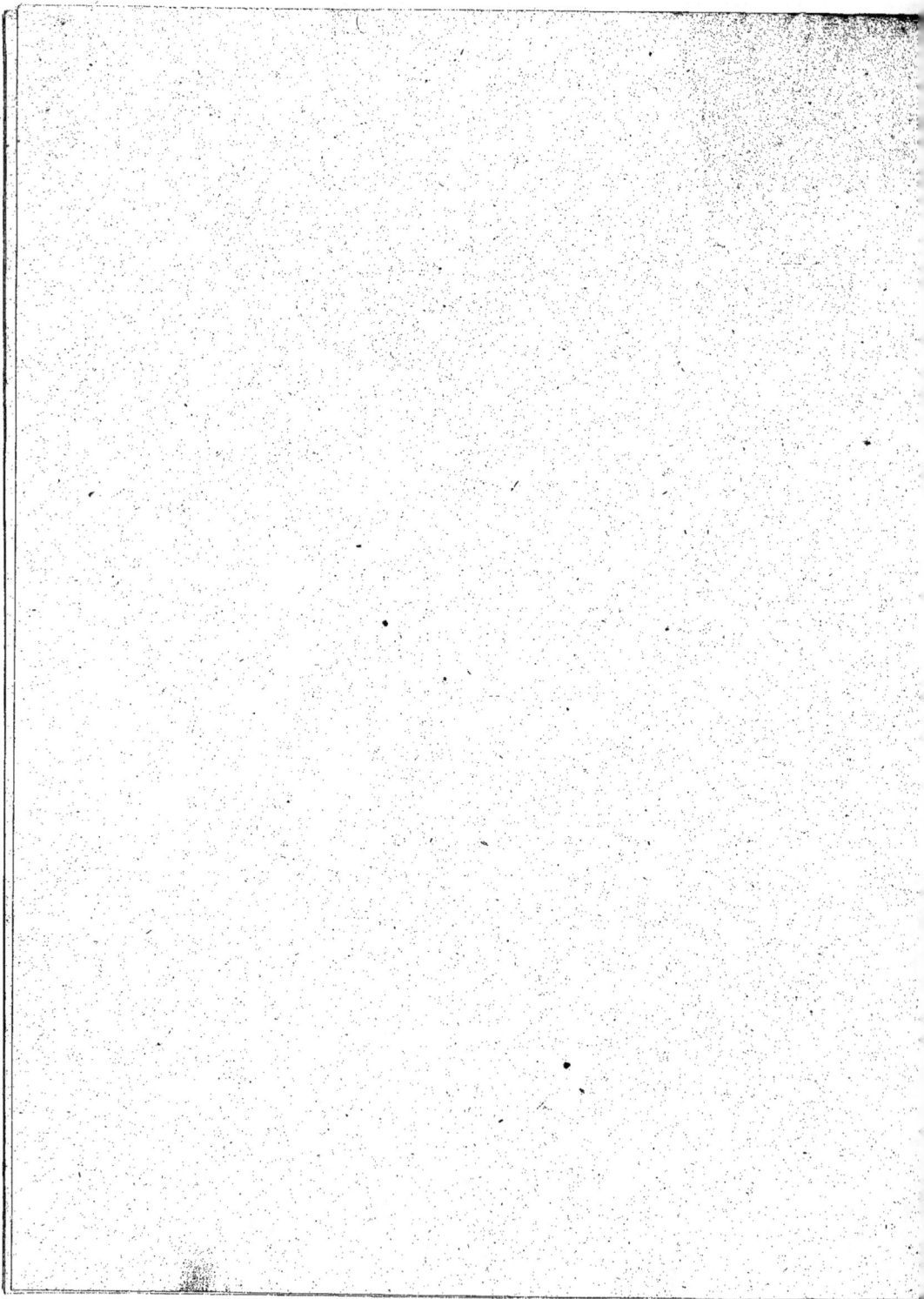

ANTIQUITÉS

GAULOISES ET ROMAINES,

RECUEILLIES DANS LES JARDINS DU PALAIS DU SÉNAT,

PENDANT les Travaux d'Embellissement qui y ont été exécutés depuis l'An IX jusqu'à ce jour ;

Pour servir à l'Histoire des Antiquités de Paris ;

PRÉCÉDÉES

DE Recherches sur cette grande Capitale, sur le Palais du Sénat (ci-devant Luxembourg), ses Dépendances et ses Environs.

On a joint aux Planches d'Antiquités, le Plan du Jardin de ce Palais, avec les changemens qui y ont été faits, et les Vues des Parties intérieures les plus curieuses de ce bel Édifice.

Multa renascentur quæ jam cecidere. HORACE.

PAR C. M. GRIVAUD, SOUS-CHEF DE LA TRÉSORERIE DU SÉNAT.

Un Volume *in-4°.*, avec un Volume *in-folio* de 26 Planches, gravées en taille-douce.

COLLECTION DE PLANCHES.

Façade du Palais du Sénat, cidevant Luxembourg,
Vue par la Rue de Tournon.

A PARIS,

CHEZ FRANÇOIS BUISSON, LIBRAIRE, RUE GIT-LE-CŒUR, N°. 10.

1807.

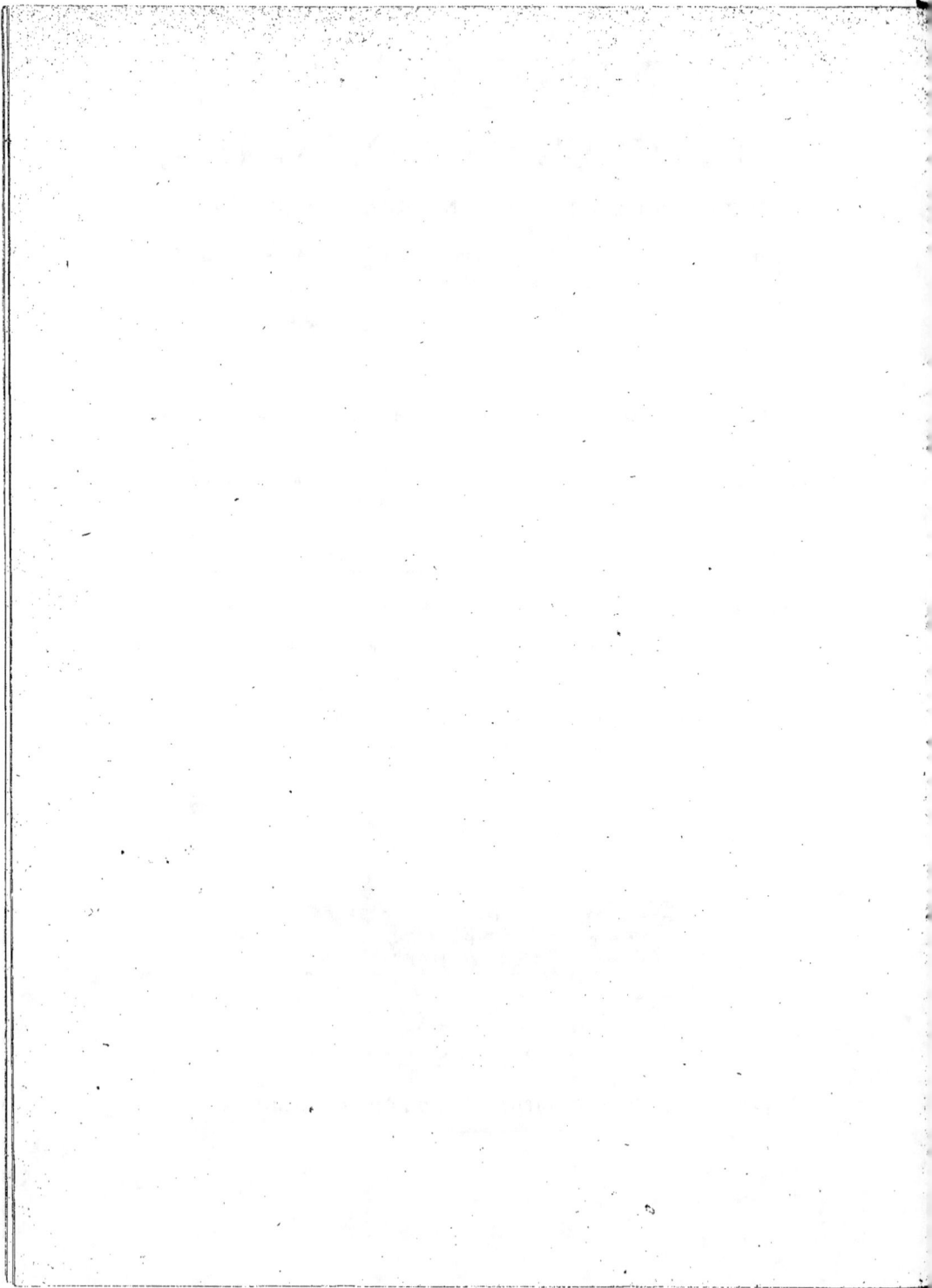

TABLE

DES

PLANCHES DES ANTIQUITÉS GAULOISES ET ROMAINES,

Recueillies dans les fouilles des Jardins du Sénat, ci-devant Luxembourg.

Les Contrefacteurs ou Débitans de Contrefaçons, seront poursuivis. En conséquence, deux Exemplaires de cet Ouvrage ont été déposés à la Bibliothèque Impériale.

Paris, ce 15 Février 1807.

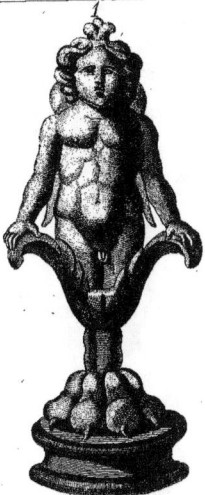

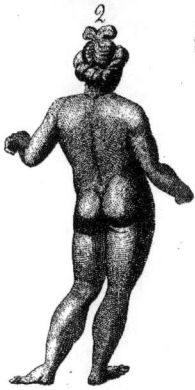

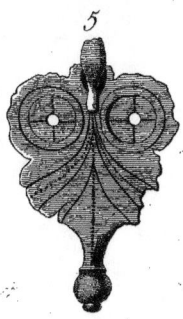

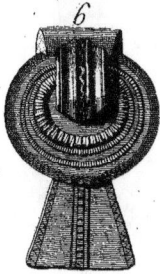

BRONZES, *en leur grandeur naturelle*.

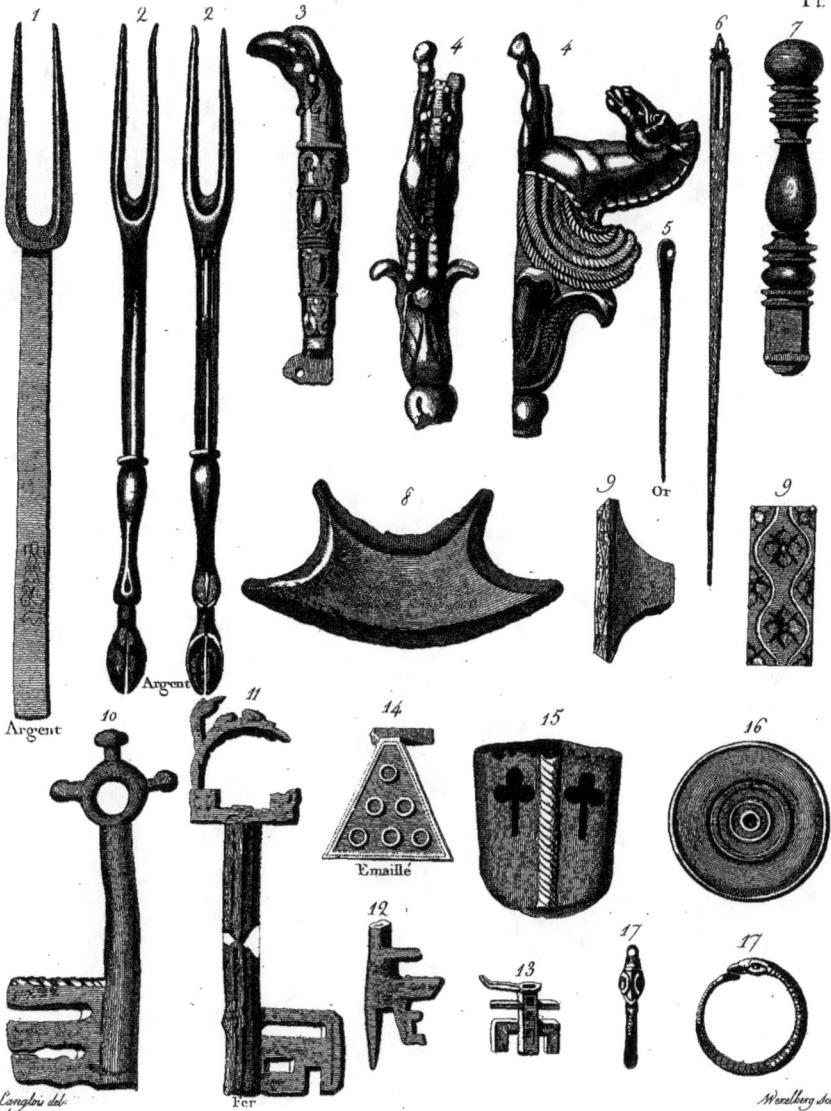

Pl. II.

1

2

2

3

4

4

6

7

5

8

9

Or

9

Argent

Argent

10

11

14

15

16

Emaillé

12

13

17

17

h. Langlois del.

Fer

Werelberg sculp.

en leur grandeur naturelle.

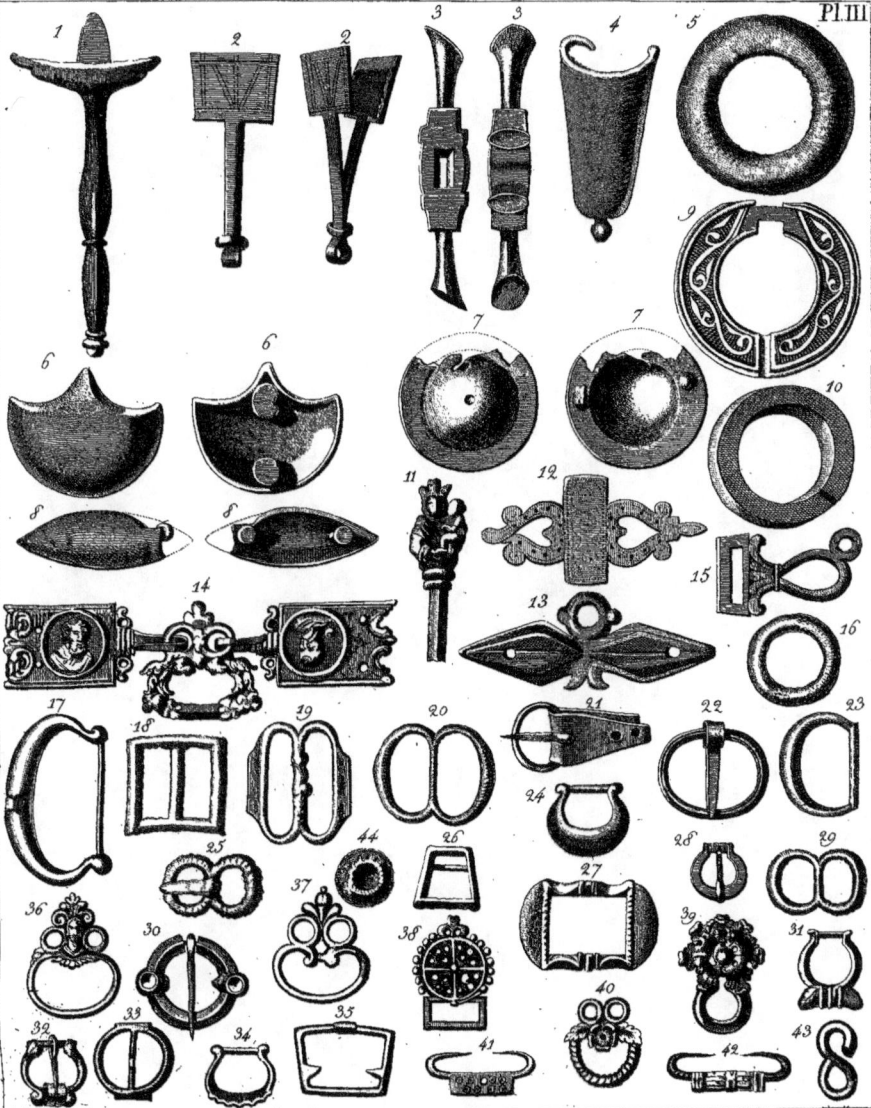

Pl. III

BRONZES, *en leur grandeur naturelle.*

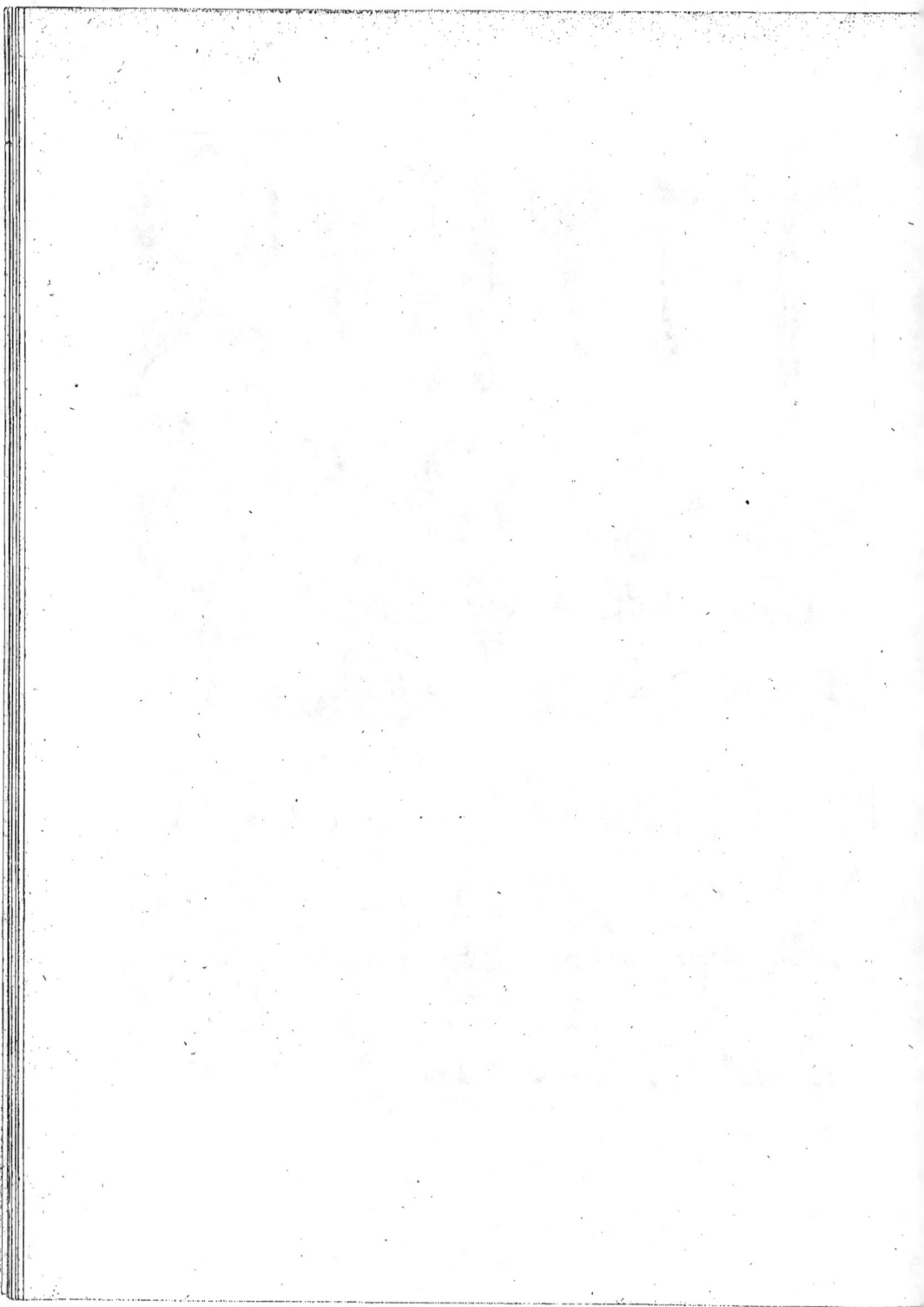

1

2

3

7

8

4

5

6

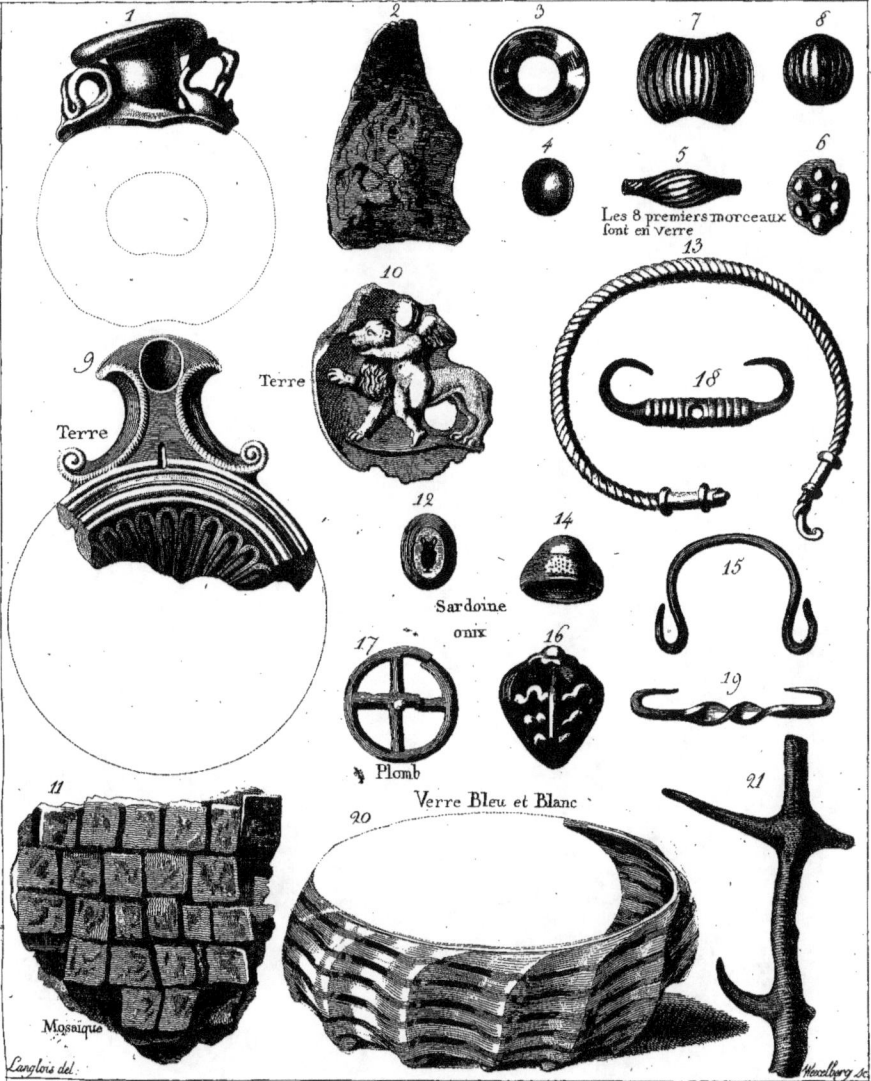

Les 8 premiers morceaux
font en verre

13

10

Terre

18

9

Terre

Terre

12

14

15

Sardoine
onix

17

16

19

Plomb

Verre Bleu et Blanc

11

20

21

Mosaïque

Langlois del.

Hexelberg sc.

Grandeur naturelle.

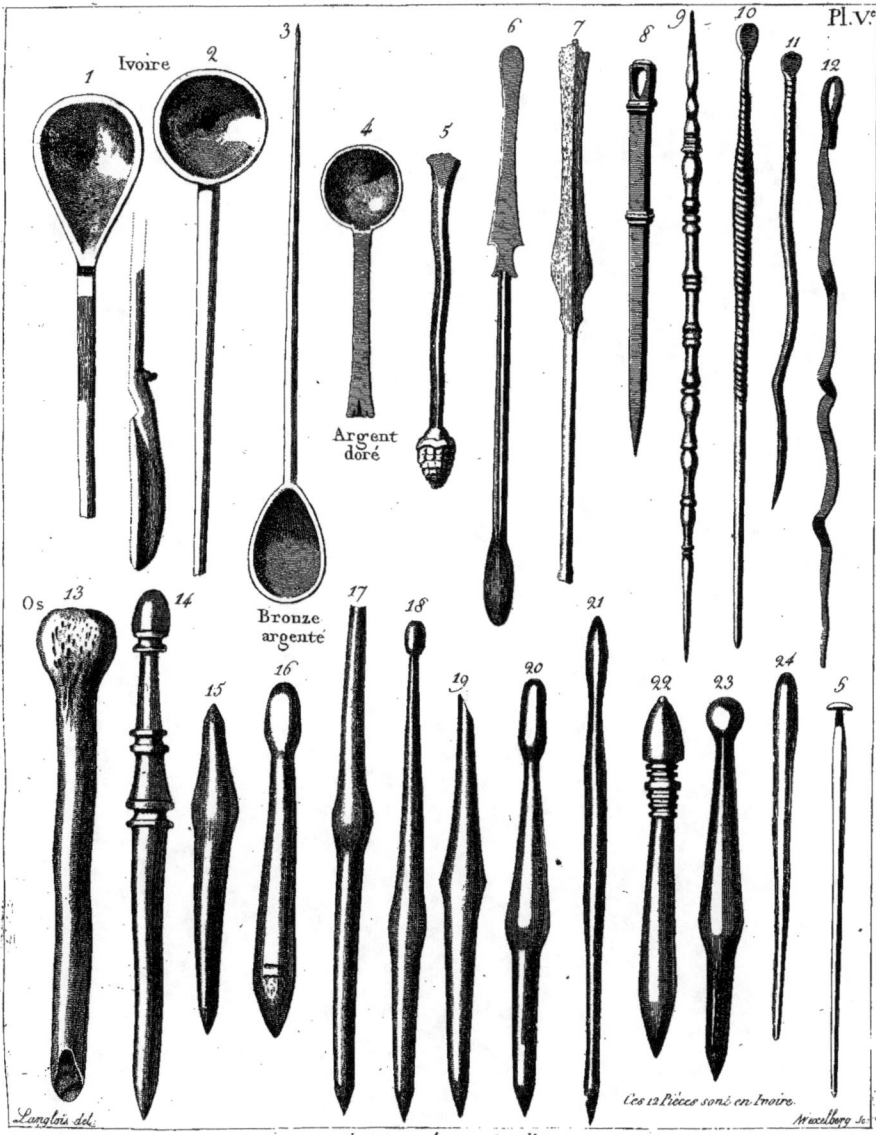

Ivoire

Os

Argent
doré

Bronze
argenté

Pl. V.e

Langlois del.

Ces 12 Pièces sont en Ivoire.

Wiexelberg Sc.

en leur grandeur naturelle.

1

2

3

SCHINVS

4

AIMB

5

6

Terre noire

7

PERT

8

9

ATEI

CLOVII

DOMITVS.T

H. Langlois del.

Mixelberg Sc.

VASES *de Terre rouge, en leur demi grandeur.*

demi Grandeur Pl. VII

NAMIL CROESI   CENTORF

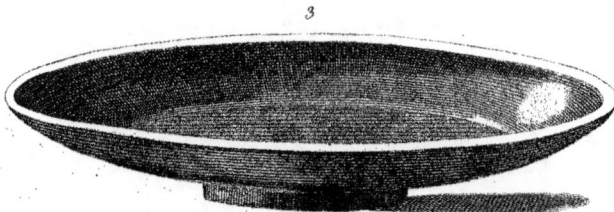

VOLVSFE   AMAI

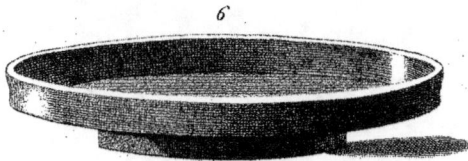

PATERNI   ⊙SEVER

TOCCAF   MENA AVILI   MASCVLVS

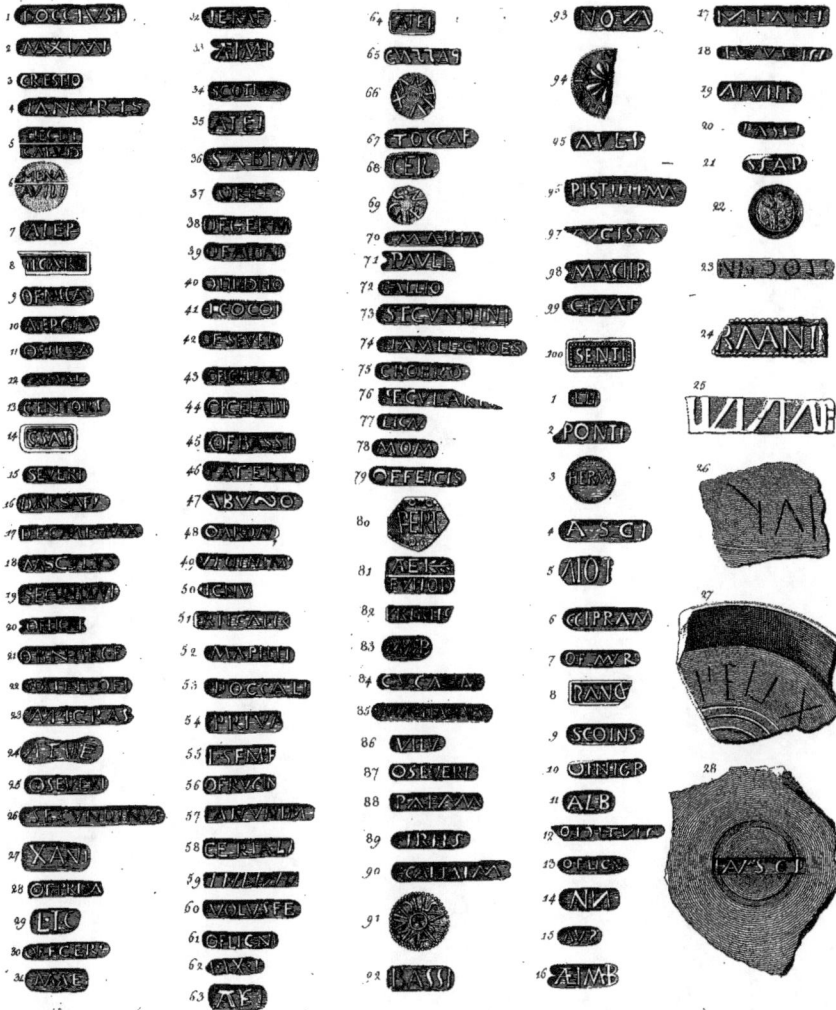

Pl. VIII.

Noms de *POTIERS* Imprimés sur les fonds des *VASES* de Terre rouge.

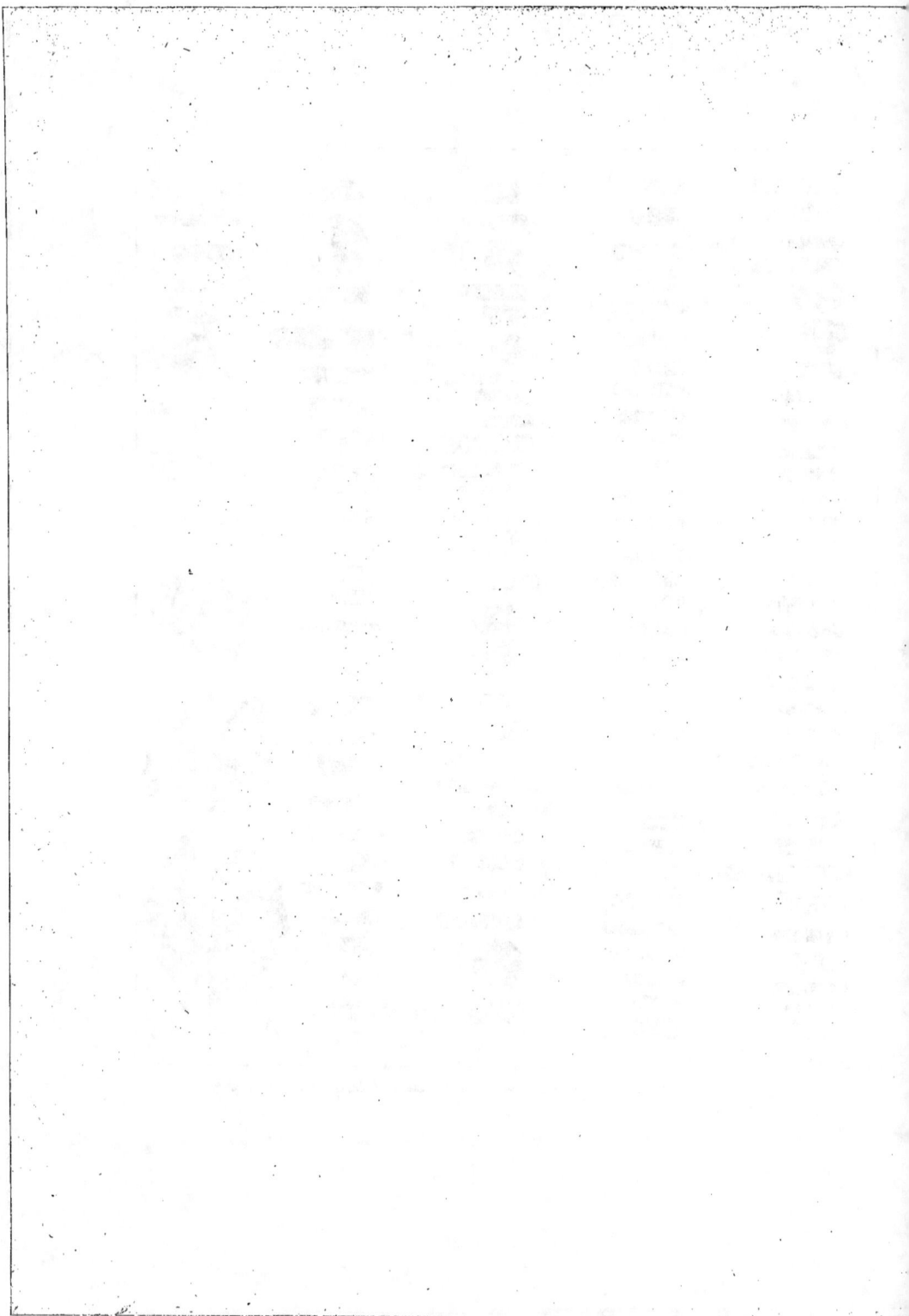

Pl. IX

2

h.7 pouces ½.

1

Circonf.
20 pouces.

3

h. 6 pouces.

4

Circonfe.
39 pouces.

5

6

hauteur 19 pouces ½.

h.8 pouces ½.

7

h.6 pouces ½.

Maulberg delet sculp.

VASES de Terre Commune.

FRAGMENS DE VASES *de terre rouge en leur grandeur naturelle*.

J. Langlois del:

Waxelberg sc.

FRAGMENS DE VASES
de terre rouge en leur grandeur naturelle.

Pl. XII.

Thuillier del.

F. P. S. Waxelberg sc.

FRAGMENS DE VASES *de terre rouge en leur grandeur naturelle*.

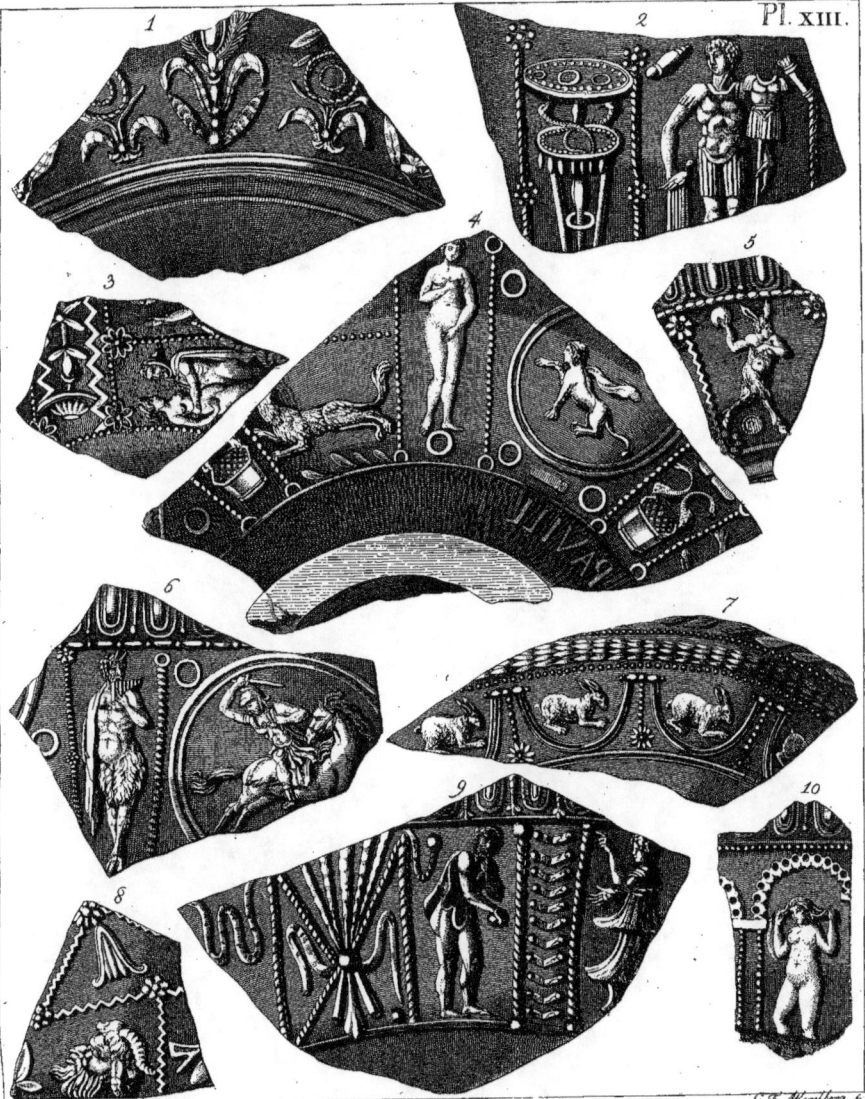

Pl. XIII.

FRAGMENS DE VASES

de Terre rouge, en leur grandeur naturelle.

Thuillier del:

G. F. Wexelberg sc.

FRAGMENS DE VASES,

de terre rouge, en leur grandeur naturelle.

Pl. XV.

VASE, et fragmens de Vases, de terre rouge en leur grandeur naturelle.

Pl. XVI.

FRAGMENS de VASES de Terre rouge, en leur Grandeur naturelle.

Pl. XVII.

1

2

Moule

3

Moule

4

5

VOLVS

6

7

8

MEMRVS

9

10

J.Weibel del.

E.A.P. Macellery sc.

En leur grandeur naturelle.

VASES *de terre rouge, en leur grandeur naturelle.*

VASES *de terre rouge en leur demi grandeur.*

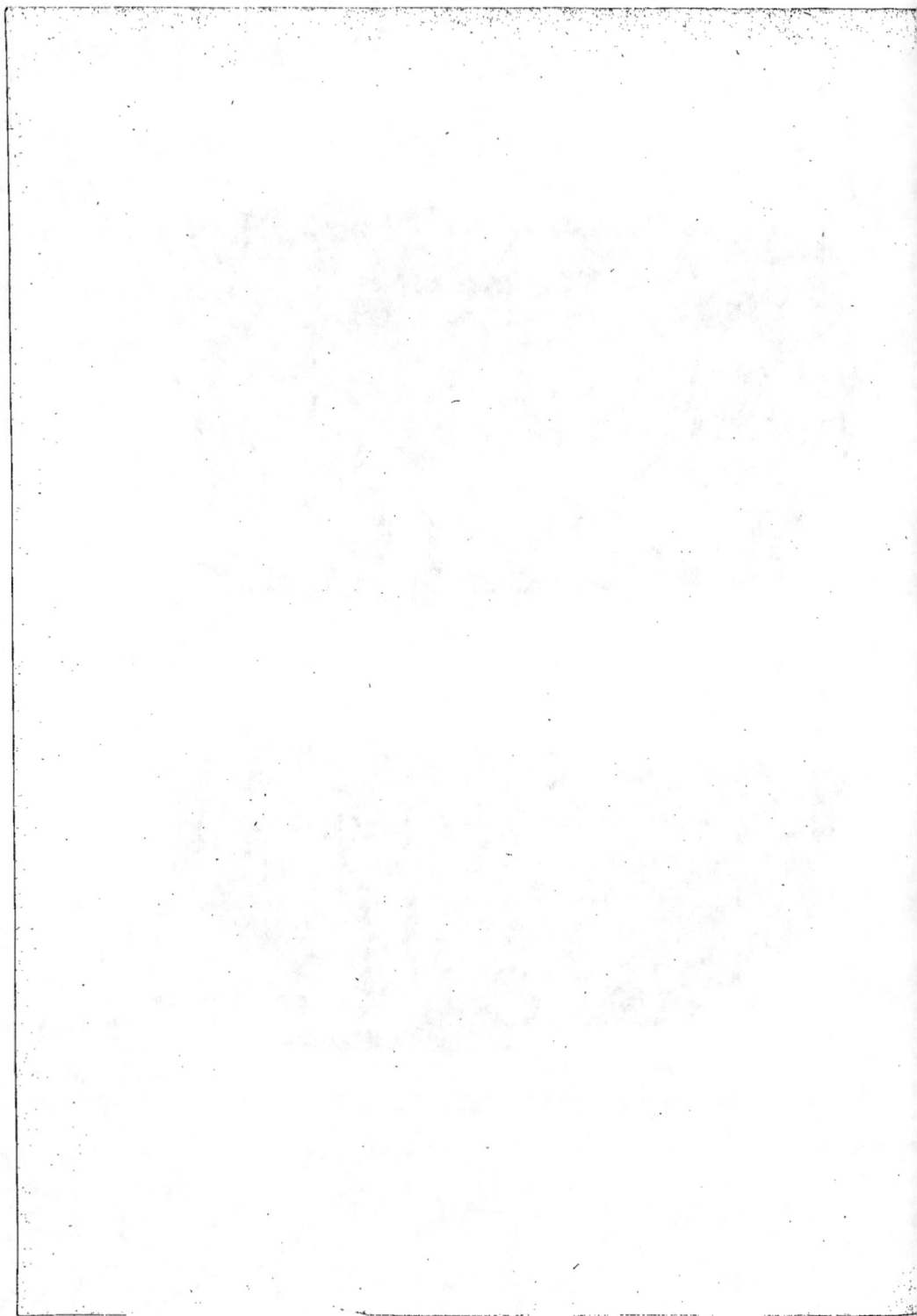

Grandeur Naturelle

MÉDAILLES GAULOISES.

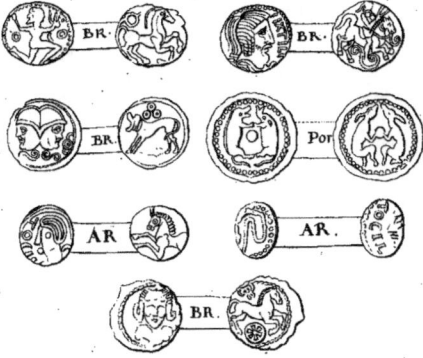

MÉDAILLES ROMAINES.

Consulaires

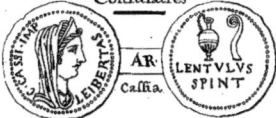

Caßia

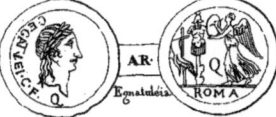

Egnatuleïa

Eppia

Pompeia

Impériales.

Jules César

C. H. Lanlois del.

Pl. XX.

1. — Jules César

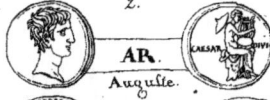

2. — Auguste

3. — Agrippa

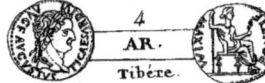

4. — Tibère

5. — Germanicus

6. — Caligula

7. — Claude

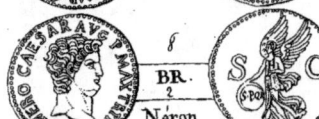

8. — Néron

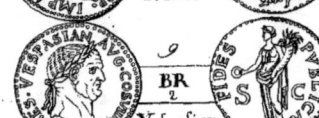

9. — Vespasien

Woodbury Scul.

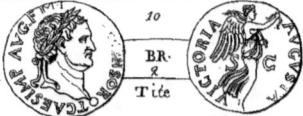

10
BR.
2
Tite

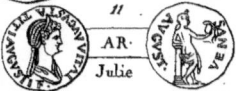

11
AR.
Julie

12
BR.
1
Domitien

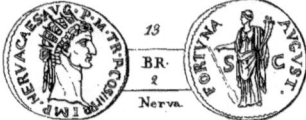

13
BR.
2
Nerva

14
AR.
Trajan

15
BR.
1
Hadrien

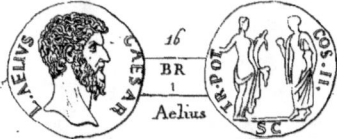

16
BR.
1
Aelius

17
BR.
1
Antonin

18
BR.
2
Faustine

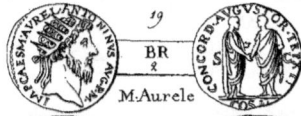

19
BR.
2
M. Aurèle

20
BR.
1
Faustine

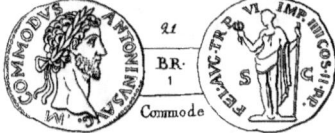

21
BR.
1
Commode

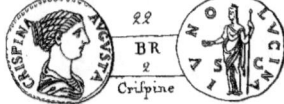

22
BR.
2
Crispine

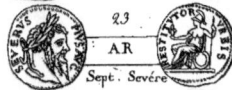

23
AR.
Sept. Sévère

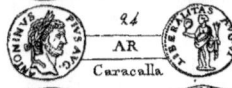

24
AR.
Caracalla

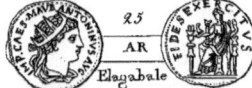

25
AR.
Elagabale

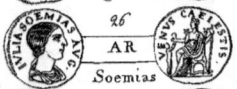

26
AR.
Soemias

27
BR.
1
Alexandre
Sévère

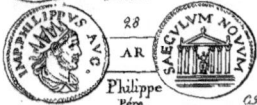

28
AR.
Philippe
Père

E. Langlois del.

C. F. Maselberg sc.

Grandeur naturelle.

Grandeur Naturelle.

Pl. XXII

29
AR
Otacille

41
BR.
3
Constantin

30
AR
Trajan déce.

42
BR.
3
Crispe

31
BR.
2
Trebonien galle.

43
BR.
3
Constantin Jeune.

32
AR
Volusien.

44
BR.
4
Constant

33
BB.
3
Gallien

45
BR.
2
Constance II

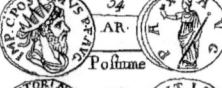

34
AR.
Posthume

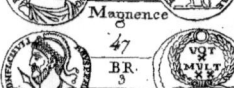

46
BR.
2
Magnence

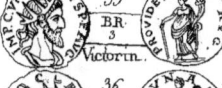

35
BR.
3
Victorin.

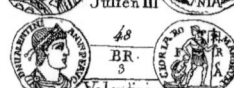

47
BR.
3
Julien III

36
BR.
3
Claude II.

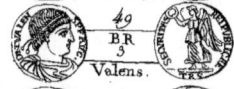

48
BR.
3
Valentinien

37
BR.
3
Tetricus Pere

49
BR.
3
Valens.

38
BR.
3
Tetricus Fils

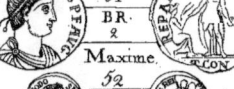

50
BR.
3
Gratien

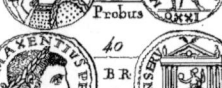

39
BR.
3
Probus

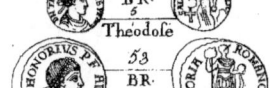

51
BR.
2
Maxime.

40
BR.
2
Maxence

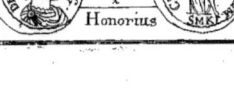

52
BR.
3
Theodose

53
BR.
2
Honorius

P. Langlois del.

F. Wexelberg Sc.

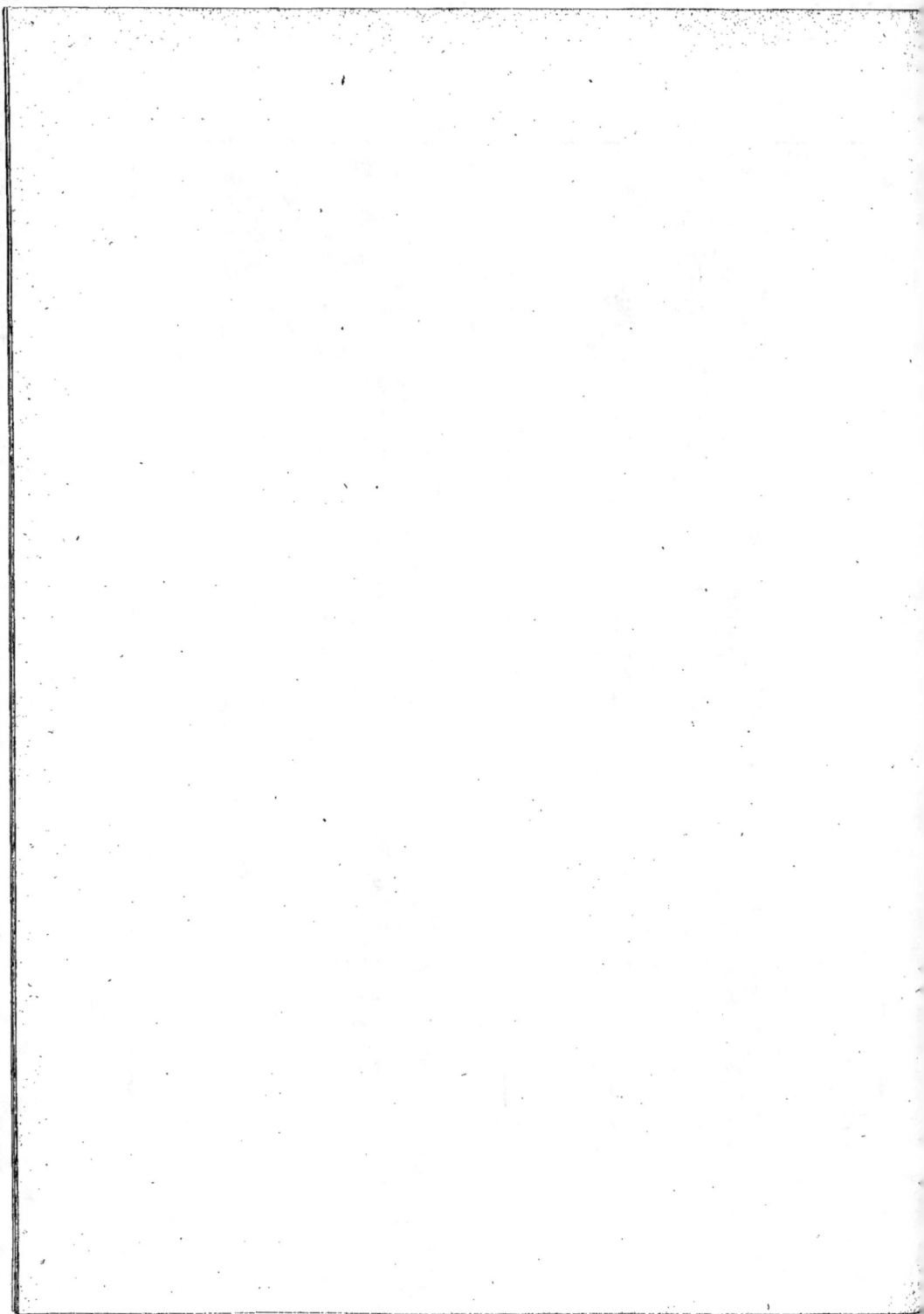

Pl. XXIII.

PLAN GÉNÉRAL
de la distribution et percement de l'Enclos
des ci-devant Chartreux
et de sa réunion au Jardin du
PALAIS DU SÉNAT CONSERVATEUR

Pl. XXIV.

VUE PERSPECTIVE *Du grand Escalier du Palais du Sénat.*
(Voyez Page 56 et Suivantes)

F. Wexelberg, Sculp.

Pl. XXV.

Salle de Réunion

Salle des Séances.